Für meine Familie. Für meine Freunde. Für die, die ich liebe.
Für die, die an meiner Seite sind und für die, denen ich mich
nah fühle, obwohl sie weit weg sind.

Und für Marta, die immer für mich da ist.

ISBN: 978-3-8337-4373-3
1. Auflage 2021
© JUMBO Neue Medien und Verlag GmbH
Henriettenstraße 42a, 20259 Hamburg
www.jumboverlag.de
Alle Rechte vorbehalten
Dieses Buch wurde durch das Ramon Llull Institut gefördert.

institut
ramon llull
Katalanische Sprache und Kultur

Originaltitel: Gràcies. Història d'un veïnat
© Edicions Bromera S.L.U., 2021
Av. Areners. Pol. El Pla. 46000 Alzira
www.bromera.com
© Text und Illustrationen: Rocio Bonilla Raya, 2021
Ins Deutsche übertragen von: Nina Bitzer, 2021
Lektorat: Christina Zierk
Grafische Bearbeitung: Marcelo Marques Porto
Druck: Liberdúplex, Polígon Industrial el Torrentfondo, Ctra. BV-2249,
Km. 7,4, 08791 Sant Llorenç d'Hortons, Barcelona, Spanien
Die deutsche Bibliothek – CIP-Einheitsaufnahme

Das Glück wohnt gegenüber

Wie ich meine
Nachbarn kennenlernte

Rocio Bonilla

JUMBO

Es war einmal eine kleine Straße,
die war wie jede andere auch.
Es gab Häuser, Straßenlaternen, Bäume ...
und Nachbarn, die sich kaum kannten.

Im Haus Nummer 15 wohnte Henne Frieda.
Dort war von früh bis spät ein ohrenbetäubender
Lärm zu hören. Ihre Nachbarn dachten, sie wäre
schwerhörig und würde deshalb immer ihren
Fernseher ganz laut aufdrehen.

Aber Henne Frieda war nicht schwerhörig.
In Wirklichkeit tobten dort ihre zehn kleinen Kinder,
die einfach keine Sekunde still sein konnten.

Henne Frieda traute sich nicht, ein Gespräch mit ihrem Nachbarn anzufangen. Der Fuchs Herr von Lang wirkte sehr ernst und war stets elegant angezogen! Sicher mochte er keine Kinder und wollte nichts mit ihr zu tun haben.

Herr von Lang arbeitete in der Stadt. Er war ein angesehener Anwalt — so wie es vor ihm seine Mutter, sein Großvater und sein Urgroßvater gewesen waren.

Aber sobald Herr von Lang nach Hause kam, verwandelte er sich.

Er hatte nämlich ein geheimes Hobby:
Er konnte so gut jonglieren wie ein echter Zirkusartist!

„Wenn ich doch nur mal Zuschauer hätte", dachte er traurig. Aber seine Nachbarn waren eine schwerhörige Henne und ein riesiger Drache mit wenig Sinn für Humor.

In Wirklichkeit lebte gegenüber von
Herrn von Lang aber gar kein riesiger Drache.

Herr von Langs Nachbar war eine kleine Maus. Seit ein Kater in das
Haus nebenan gezogen war, lebte sie in ständiger Angst. Und wir
alle wissen ja, was Kater gern essen, oder?

Aber Maus Felix, hatte immer gute Einfälle!
Und so fand Felix schnell eine schlaue Lösung, wie er sich seinen
äußerst gefährlichen Nachbarn vom Hals halten könnte.

Maus Felix hätte sich nicht im Traum vorstellen können, dass Kater Rolf ein Veganer war. Das heißt, Kater Rolf aß kein Fleisch, also auch keine Mäuse. Rolf spielte gern Karten, häkelte Kissen und vor allem kümmerte er sich hingebungsvoll um seinen Garten.

Rolf war so schüchtern, dass er seinen Nachbarn Felix nie grüßte. Mal ganz abgesehen davon, hatte Kater Rolf auch Angst. Wer wollte schon gern einen wilden Drachen stören?

Im Eckhaus lebte Mathilda, eine hervorragende Wissenschaftlerin. Sie arbeitete den ganzen Tag in ihrer Garage und erfand Roboter und andere erstaunliche Dinge.

Mathilda sprach immer nur mit ihren Maschinen, weil sie niemanden sonst zum Reden hatte. Sie glaubte, dass im Haus nebenan niemand wohnte, denn dort war alles immer dunkel und abgeriegelt.

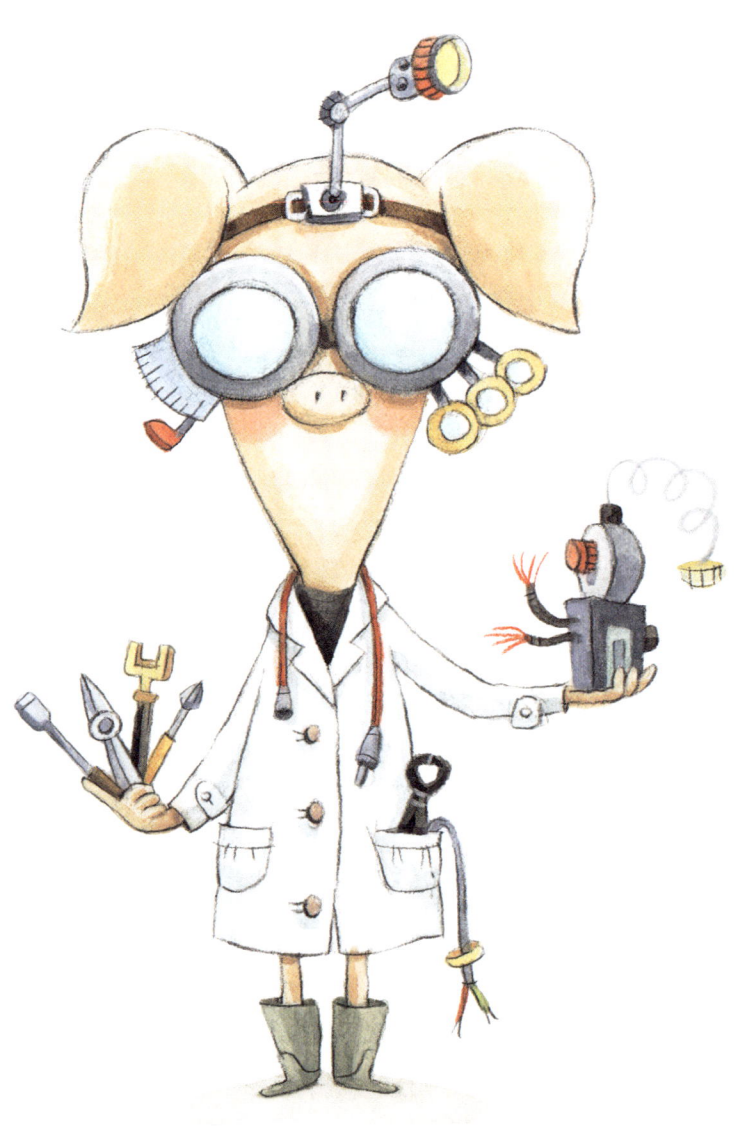

Da lebte aber doch jemand!

Frau Morgengrau schlief nur einfach immer tagsüber, so wie
es eben alle Eulen tun. Und nachts verbrachte sie ihre Zeit
vor dem Computer. Sie surfte im Internet, las Nachrichten
und spielte vor allem sehr viel Solitär.

Weil es nachts draußen dunkel war, kam sie einfach nicht auf die Idee,
die Rollläden vor den Fenstern hochzuziehen.

Oben, im Dachgeschoss, wohnte Peter, der Riese. Bisher hatte niemand bei ihm geklingelt. Und weil er davon überzeugt war, dass seine Nachbarn Angst vor ihm hatten (denn Riesen sind ja riesengroß!) verließ er niemals seine Wohnung.

Dabei hätte Riese Peter liebend gern mit jemandem seine
Liebe zu Büchern geteilt.

Er träumte davon, in der Nachbarschaft einen Buchklub
zu gründen. Oder am besten gleich zwei: Einen über
Reisen und einen über Superheldinnen und Superhelden,
denn das waren ohne Zweifel seine Lieblingsgeschichten.

So lebten alle nebeneinander her, alleine und ohne miteinander zu sprechen.

Aber eines schönen Tages geschah etwas Schreckliches:
Das Internet funktionierte nicht mehr!
Frau Morgengrau jammerte: „Welch ein Unglück!
Welch ein Unglück! Was mache ich jetzt bloß?"

Das hörte ihre Nachbarin Mathilda.
Es wohnte also doch jemand im Haus nebenan! Zum Glück
kannte Mathilda sich gut mit Technik aus und konnte
das Problem mit dem Internet schnell lösen.

Frau Morgengrau war so dankbar, dass sie Mathilda einlud,
zu ihr zum Teetrinken und Kuchenessen zu kommen.

Da Frau Morgengrau aber ein Ei fürs Kuchenbacken fehlte, klingelte sie zum allerersten Mal bei ihrem Nachbarn. Riese Peter war überglücklich darüber, dass Frau Morgengrau keine Angst vor ihm hatte und er helfen konnte. Er eilte hinunter und gab ihr ein Ei. Peter freute sich so sehr, seine Nachbarn zu sehen, dass er gleich bei ihnen unten blieb, um mit ihnen Tee zu trinken und Kuchen zu essen.

Frieda stand am Fenster und sah ganz
überrascht, wie die drei Nachbarn zusammen
bei Tee und Kuchen saßen. Da könnte sie
doch mal bei Herrn von Lang klingeln.

Vielleicht war er ja gar nicht so unfreundlich,
wie sie dachte…

Auch der Kater Rolf erlebte eine große Überraschung,
als er sich endlich ein Herz fasste
und seinen Nachbarn, den Drachen, besuchte.

Von diesem Tag an hat sich sehr viel verändert unter
den Nachbarn in der kleinen Straße ...

Weil Maus Felix so gute Ideen hatte, gründete er gemeinsam mit Kater Rolf den Blog „Der vegane Kater". Der Blog wurde ein riesiger Erfolg bei allen Liebhabern des guten Essens.

Auch Herr von Lang wollte sich verändern,
er kündigte seine Arbeit als Anwalt. In seinem
Garten schuf er einen wunderbaren Ort zum
Spielen und für Zirkusauftritte.

Mit Frieda und ihren Kindern hatte er ein
tolles Publikum, so gab es immer genügend
Gelegenheiten für Zirkusvorstellungen.

Nun konnte sich Frieda wenigstens zwischendurch etwas ausruhen. Und durch Peters Buchklub hat sie ihre Leidenschaft fürs Lesen von Büchern wiederentdeckt.

Frau Morgengrau entdeckte zusammen mit Kater Rolf,
dass es viel mehr Spaß machte, mit einem lebendigen Wesen
Karten zu spielen als mit einem Computer.

Und Mathilda nahm alles mit ihrer Kamera auf
und machte einen Film über die außergewöhnlichen
Geschehnisse in der kleinen Straße.

Der Film hieß: „Das Glück wohnt gegenüber!
Wie ich meine Nachbarn kennenlernte"

Diesen kleinen Film sahen Menschen überall auf der ganzen Welt!
Und ganz bestimmt gibt es überall kleine und große Straßen mit
Häusern, Straßenlaternen und Bäumen ...

... und Nachbarn, die sich noch gar nicht kennen.

Das Glück wohnt gegenüber

In dieser kleinen Straße lebt jeder für sich. Doch als das Internet ausfällt, wird das Leben der Nachbarn auf den Kopf gestellt. Der stets seriös wirkende Fuchs Herr von Lang findet endlich ein Publikum für sein geheimes Hobby – das Jonglieren. Die Maus Felix versteckt sich nicht länger hinter ihrem Drachenkostüm und findet heraus, dass ihre Furcht vor dem Nachbarskater Rolf unbegründet war. Und die Henne Frieda findet nicht nur ihre Liebe zu Büchern wieder, sondern auch neue Freunde.

Das Glück wohnt gegenüber
Bilderbuch · ISBN 978-3-8337-4373-3
Euro 15,00 (7 % MwSt.) / 15,50 (A)
Format: 230 x 290 mm · 40 Seiten
gebunden · durchgehend farbig illustriert

Das Glück wohnt gegenüber

Das Nachbarschaftsspiel

SPIELREGELN

- 2 bis 7 Spieler
- Jeder Spieler sucht sich eine Spielfigur aus.
- Es wird reihum gewürfelt. Deine Spielfigur darf so viele Schritte vor gehen wie der Würfel anzeigt.
- Gewonnen hat, wer als Erstes das Ziel erreicht.
- Die Spielfelder sind nummeriert.
- Die Würfel-Reihenfolge wird immer eingehalten, außer auf den Spezialfeldern.

SPEZIALFELDER

- Wenn du auf ein Feld mit einem KÜKEN kommst (5, 9, 14, 18, 23, 27, 32, 36, 41, 45, 50, 54, 59), darfst du zum nächsten Feld mit einem Küken gehen und nochmal würfeln.
- Wenn du auf ein BRÜCKENFELD kommst (6, 12), darfst du zur nächsten Brücke gehen und erneut Würfeln.

- Wenn du auf das Feld mit einem HAUS kommst (19), musst du eine Runde aussetzen.
- Wenn du auf das BRUNNENFELD (31) gelangt, darfst du drei Runden nicht würfeln, außer ein anderer Spieler kommt am Brunnen vorbei.
- Wenn du im LABYRINTH landest (42), gehe zurück zu Feld Nummer 30.
- Wenn du im GEFÄNGNIS landest (56), musst du zwei Runden aussetzen.
- Es gibt zwei Felder, auf denen ein Würfel zu sehen ist (26, 53). Wenn du auf einem dieser Felder landest, darfst du zum nächsten ziehen und nochmal würfeln.
- Wenn du auf dem TOTENKOPF landest, musst du wieder zum ersten Feld zurückgehen.
- Um ins Ziel zum Nachbarschaftsfest zu gelangen, musst du die genaue Anzahl der Felder erwürfeln. Wenn du eine zu hohe Zahl würfelst, musst du so viele Schritte zurückgehen, wie du zu viel gewürfelt hast.

Rocio Bonilla

Minimia malt am liebsten in allen Farben des Regenbogens: rote Marienkäfer, strahlend blauen Himmel, leckere gelbe Bananen… Doch einen Kuss hat sie noch nie gemalt. Welche Farbe soll sie nur nehmen? Mia begibt sich auf eine kunterbunte Reise durch die Welt der Farben. Ein Bilderbuch über Farben und Gefühle und deren vielfältiges Zusammenspiel.

Bilderbuch · ISBN 978-3-8337-3810-4

Oskar ist neugierig – so wie eben alle Kinder. Eines Tages sagt seine Nachbarin Frau Mäusezahl zu ihm: „Du bist vielleicht ein komischer Vogel!" Oskar ist verwundert. Was meint sie damit? Er ist doch kein Vogel. Oder doch? Kann er etwa fliegen? Oder wachsen ihm irgendwo Federn? Oskar beschließt, der Sache auf den Grund zu gehen …

Bilderbuch · ISBN 978-3-8337-4361-0

Minimia ist jetzt größer. Sie malt noch immer gern, aber sie macht jetzt auch vieles andere: Sie macht Ausflüge, trifft jeden Montag ihre Freundinnen in der Schule, spielt Hockey, liest in der Bücherei, spielt mit ihrer Großmutter… Aber sonntags? Da ist wirklich gar nichts los. Da langweilt sie sich so sehr. Oder vielleicht doch nicht?

Bilderbuch · ISBN 978-3-8337-4075-6

Lukas glaubt fest daran, dass er zum Fliegen geboren ist. Er versucht sogar, sich Flügel zu bauen, aber bislang ohne Erfolg. Als seine Mutter ihm ein Buch in die Hände gibt, erlebt Lukas eine Überraschung …

Bilderbuch · ISBN 978-3-8337-3913-2

MIT WENDE-COVER

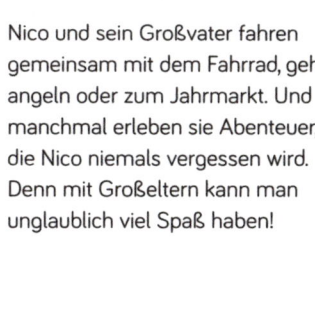

Geschwister streiten sich nun mal – so auch diese beiden: Sie muss immer alles bestimmen. Er macht alles kaputt. Auf der anderen Seite baut sie die höchsten Türme. Und er erfindet die besten Geschichten. Ist es nicht eigentlich doch ganz toll, einen Bruder oder eine Schwester zu haben?

Bilderbuch · ISBN 978-3-8337-3959-0

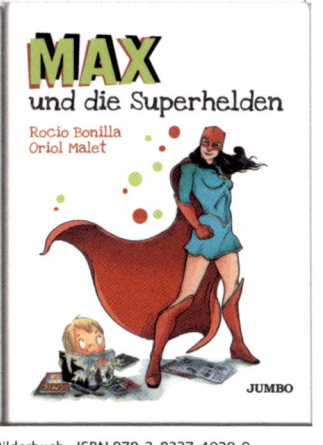

Max findet Superhelden toll, aber einer ist sein absoluter Liebling: Megapower! Sie ist mutig, hat Supersehkraft und ist megastark … Und das Beste ist: Megapower ist anders als alle anderen Superhelden – und nur Max weiß, warum.

Bilderbuch · ISBN 978-3-8337-4029-9

Nico und sein Großvater fahren gemeinsam mit dem Fahrrad, gehen angeln oder zum Jahrmarkt. Und manchmal erleben sie Abenteuer, die Nico niemals vergessen wird. Denn mit Großeltern kann man unglaublich viel Spaß haben!

Bilderbuch · ISBN 978-3-8337-4229-3

JUMBO

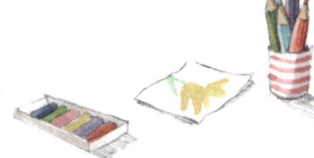

JUMBO Das Nachbarschaftsspiel

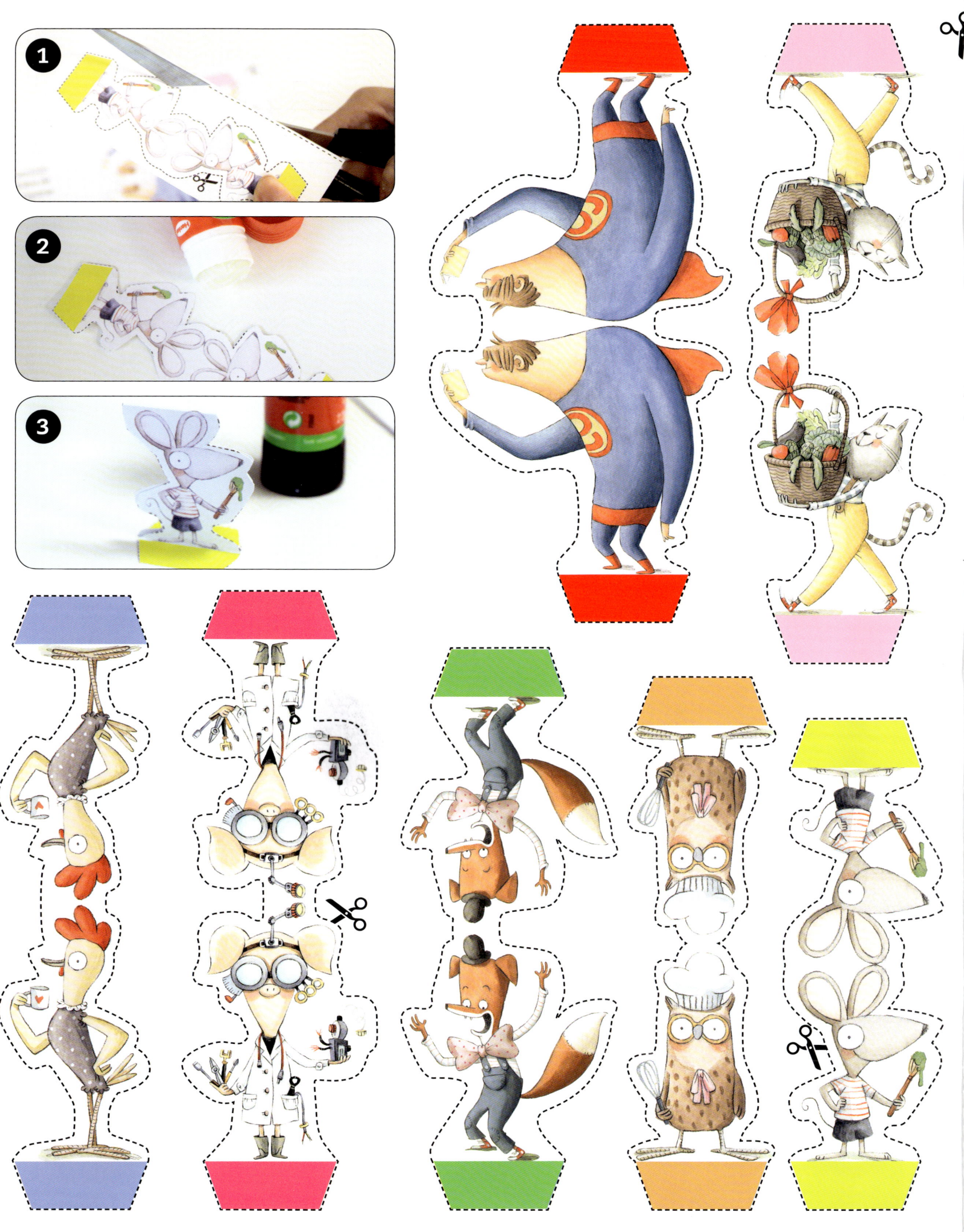